Kurt Scharf

Zeit

Bibliografische Information der Deutschen Nationalbibliothek:
Die Deutsche Nationalbibliothek verzeichnet diese Publikation in der Deutschen Nationalbibliografie; detaillierte bibliografische Daten sind im Internet über www.dnb.de abrufbar.

Herstellung und Verlag: BoD – Books on Demand, Norderstedt
ISBN 978-3748-19959-5

Zeit

Am Rande

Draußen, vorm hölzernen Haus,
stehen die südlichen Linden;
grüner Gedanken Gesang
dringt dem Betrachter entgegen.

Aber, zu schauen im Licht,
bleiben die Träume beneidet;
Ferne beschwichtigt den Tag,
welchen die Stunden ersehnen.

Lieber noch wäre dem Wind,
lange im Dämmer gefangen,
manchmal ein raunender Ruf
aus den verbundenen Zeiten.

Stiller noch ginge die Nacht,
Fremde erobernd, ins Leben;
hielte das Dunkel sie fest,
käme der Schlaf zu den Bäumen.

Burgbesuch*

Im Schatten alter Mauern
spielen Kinder, schweben
Seifenblasen
über den Rasen.

Die Steine spüren kein Bedauern,
dass sie seit Jahren
ins Vergessen streben.
Sie sparen
Zeit. Selten fällt Regen.

Unweit gelegen
sind Dörfer. Dort leben heute
neue Leute.

* Burgruine Landskron

Einwand

Aber in den stillen Zeiten,
fern vom Lärm der Tage,
wirst du deinem Ziel entgleiten,
stellt sich keine Frage.

Nebel siegt, wie in Gedichten,
schattenblass notierten,
leichter sinkt in tiefre Schichten
Echo des Gezierten.

Verblasster Tag

Ich war noch kaum in dieser Zeit erschienen;
die Felder lagen brach und auf den Wiesen
umsäumten Nebelwesen sanfte Riesen,
und Wolken zogen Schleifen über ihnen.

Nach Kurzem dann, dem Aufgebot zu dienen,
verschwanden aus den grauen Luftverliesen,
bevor der Tag sich hob, mit leisem Niesen
die letzten Zeugen, fielen in Faschinen.

Die Bündel ruhten dort, ich sah sie liegen,
die Gräserbüschel sich dem Holz anschmiegen,
und keinem kam ich nah, ich musste wieder

davon, es blieben mir auch keine Lieder
von jenem Tag, und welkten alle Bilder,
verblassten bald und waren alte Schilder.

Erwägung

Gleitet die Zeit dahin durch die Räume,
dem täglich erschaffnen Wellenbereich,
und fällt in unsere weichen Träume
wie Reflexe und Kreise im Teich.

Dann wäre das doch der freie Wille,
der obenauf zum Ufer schwimmt,
bereit zu künden von Lärm und Stille,
und Wissen und Wahrheit überstimmt.

Immer

Lass dein Schweigen restlos in mich fließen,
wenn der Abend unsre Schritte lenkt
zu den Lichtern dieser stummen Straßen,
unbekannter Fenster Farbenspiel.

Kaum gewinnen uns, für sich, die Sterne,
fernes Glück geraumen Zeitgesangs.
Und wir stehen immer auf der Schwelle,
schweigend, von der Nacht umschlossen. Hier.

Gabe

Ich schenke dir den Wald
und was darin enthalten
in vielerlei Gestalt:
der Bäume Rindenfalten,

das grüne Moos im Licht,
das Laub, gelegt in Schichten,
dazu noch dies Gedicht.
Du musst dich nur verpflichten,

an jedem neuen Tag
im Wald vergnügt zu wandern,
so wie ich's selber mag.
Und sag es auch den andern!

Hoffnung

Von keiner Bestimmung ins Abseits getrieben,
verleidet das Leben mir niemals die Stunden;
ich bleibe und habe die Zeiten beschrieben,
im Geschauten die wahren Geschichten gefunden.

In allen Gedanken ist Hoffnung geblieben;
und war das Verweigern, der Gang in die Runden,
die sagbar versprengten Gebilde, die lieben
verlorenen Tage, das half zu gesunden.

Und auch die Verblendung, gefangen in Sieben,
hat lange gewartet, der Nacht nur verbunden,
und wich, im Gestammel des Dunkels zerrieben,
den Lichtern des Morgens die Heilung bekunden.

Sommertag

Die Sonne sendet Silber,
bedeckt damit den Fluss,
durch den die Boote gleiten,
ein weißes ganz am Schluss.

Am Himmel schweben Wolken
wie Wattebäusche hin,
die Schwanenkinder sitzen
im Schilfe mittendrin.

Und mag der Tag auch enden,
versunken in die Stadt,
der Sonnenschein wird bleiben,
der uns gefunden hat.

Ennui

Wir tasten uns voran,
aus der Zeit gefallen.
Was immer wer ersann,
ruht versteckt in allen.

Wir machen nichts daraus.
Unsre Seelen schwitzen
nur dunkle Silben aus,
die wir gern besitzen.

Wir schalten uns gleich ab,
waren grad noch Föten,
und liegen schon im Grab,
lang bevor wir töten.

Intermezzo

Das Sterngesprenkel überm alten Haus
verziert des Mondes stummen Widergang.
Die Lampen gingen hier schon lange aus.
Entfernt erklingt des Vogels Nachtgesang.

In traumvertrauten Bildern lebt die Luft,
umwebt von lichtverliebter Inselwelt.
Und aus dem Walde schwebt der Morgenduft,
bevor der Tag erneut ins Dasein fällt.

Die Nacht...

Die Nacht steht still am Ufer,
und weiß noch nicht was wird.
Da naht ein dreister Rufer,
ins frühe Licht geschirrt.

Er will den Tag erwecken
und heben aus dem Traum,
er stöbert in den Ecken,
durchsucht den Wiesenschaum.

Die Nacht hat unterdessen
die Brücke überquert.
Sie wird nun wohl vergessen,
ist keinen Vers mehr wert.

Schichtwechsel

Der Tag reicht nun der Nacht die Hände,
die Vögel schlafen langsam ein,
das Licht versickert im Gelände
am Fluss, und dunkel wird es sein

im Hain, worin die Schatten ruhen.
Schon bald ist alle Kraft entfernt.
Die Sonne fiel aus ihren Schuhen
und schläft. Der Mond ist gut umsternt,

er wird für eine Weile thronen
im Silberschein und überm Haus.
Die Wolken werden es ihm lohnen –
er streckt am Tage sich drin aus.

Die Wege

Die Jungen, seht, sie gehen weiter,
Halt liegt nicht in ihrem Sinn,
die Wege sind für sie noch breiter,
Hindernisse schwinden hin.

Doch wenn sie später durch die Zeiten
in das kühle Grab der Tat
hinunter sorglos suchend schreiten,
engt sich ihnen jeder Pfad.

Die Hilfe kommt von andrer Seite,
aus dem Spinnennetz der Nacht,
darinnen leuchtet in die Weite
was die Alten einst entfacht.

Schwarzer See

In der Nähe von Korswandt (Insel Usedom)

Des Waldes lichte Stellen
dem Grün verpflichtet sind,
und zärtlich streift in Wellen
darüberhin der Wind.

Im dunklen Herzen rasten,
seitab vom schmalen Pfad,
entledigt aller Lasten,
die Träume stiller Tat.

Bewegung ist verborgen,
den Zeiten einerlei,
und immer bleibt es Morgen;
der Tag geht nie vorbei.

Heißer Sommer

Am Himmel lebt, vergnügt im Blau,
die Wolke, schöne weiße Frau;
sie hält in Händen ihren Schal
und schaut herab ins trockne Tal;

die Leute sind, die unten stehn,
am Hoffen noch, dass Winde wehn
und Regen bringen hin zum Land,
von dem schon alles Grün verschwand;

die Hitze staut und stempelt grau
die Last der Felder; schöne Frau,
du kennst die gute Kälte nicht,
du spürst nur Sonne im Gesicht;

sie wollen wohl, die unten flehn,
im Märchen durch die Pfützen gehn.
(Geschrieben ist der erste Satz,
für weitere Worte wäre Platz.)

Status

So seltsam, wie geronnen, bräunt das Laub
am Tag dem sich das grelle Licht verbunden.
Die Schatten wanken müde durch den Staub
und zahlen gerne Zoll für Dämmerstunden.

Die Flüsse trocknen aus, die Boote schmiegen
sich bunt bemalt in grauen Trauerschlamm.
Die Wiesen knistern. Keine Vögel fliegen
und klopfen nicht herum an einem Stamm.

Die Rindfleischpreise brechen ein. Die Weiden
verdorren. Und es fehlt der zweite Schnitt.
Wem ist, was kommt, nun kläglich anzukreiden?
Die nächsten Jahre gehen gleichen Schritt.

Die Herren Heym und Trakl träumen trunken
im Grabe noch von dunklem Krieg und Sieg
der Städte welche längst schon hingesunken.
Die Straßen starben still, die Hoffnung schwieg.

Schwäne in Sicht

Flirrende Luft.
Goldnes Revier.
Wiesen voll Duft.
Flattergetier

tänzelt im Licht
über dem Teich.
Schwäne in Sicht,
kommen wohl gleich,

gehen an Land,
wissen wohin –
unsere Hand
bringt den Gewinn.

Täglich

Im Hofe haben sich
Spatzen eingefunden.
Zwei Dutzend sicherlich.
Herab vom Schuppendach bekunden
sie Neugier, und sie wetzen
die Schnäbel an den Regenrinnen.
Bald schon besetzen
und gewinnen
sie das Futterhaus auf der Terrasse.
Zuerst zwei, drei;
dann kommt die ganze Klasse
herbei.
Hier steht auch ein Wald, in Töpfen
wachsen kleine Bäume.
Wenn wir Wasser auf sie schöpfen,
sinken sie satt in Träume.
Und werden wieder wach:
Eine Meise pocht, grad wie ein Specht,
auf dem Holz herum, macht Krach.
Wir wundern uns nicht schlecht.
Die Spatzenmeute
flieht, die Meise bleibt, ihr Schnabelkopf
tickt weiter. Sie heißt ab heute
Luise Klopf.

Los!

Nur beim Gehen
entstehen
die Worte. Die Zeichen
erreichen
nach dem Wandern
die andern.
Aufbruch ist immer.
Raus aus dem Zimmer!

Kein Gedicht

Von deinem Blick ins nächste Sein gesendet,
ergibt sich mir, entgegen den Statuten,
Erbarmung und ein sanftes Überfluten
im Licht des halben Tags, der niemals endet.

Die Zeit hält still, der Stunden Hüter wendet
kein Blatt, er fährt auf ewig alten Routen,
und auch nichts Neues ist ihm zuzumuten,
das schöner wäre, weil es Freude spendet.

So liege ich gewiegt in Ewigkeiten,
und streite ab was mir einst vorgeworfen
in stummgestimmten Erdvergangenheiten.

In Wandlung, liebe ich was andre hassen.
Die Schuldgefühle werden bald verschorfen.
Und nur dein Wort kann meinen Weg erfassen.

Dunkel

Zu welchem Walde bist du wohl gegangen?
Allein – weil du der Welt nicht länger trautest
und nur auf deine eignen Sorgen schautest.
Hat Schattenlaub in Stille dich umfangen?

Und waren Wesen da, die leise sangen,
dass allen Ärger du dadurch verdautest,
an dem du doch schon viel zu lange kautest?
Sie waren da, die sich in Äste schwangen.

Ich suchte dich, und fand nur fremde Orte.
Die Silbersonne ist ins Gras gesunken,
das dort am regenlosen Tag verdorrte.

Die Träume haben mich in Schutz genommen.
Das Dunkel hat von meinem Blut getrunken.
Ich wurde wach, du warst grad angekommen.

Schläfer

Wenn sie, am Morgen, ihren Tod erinnern,
der jahrefern, in später Zukunft liegt –
im plötzlichen Erkennen angelehnt
einander, harren sie entwärmt und wimmern.

Es tagt. So hautnah stürzt, vom Traum gespalten,
entzündet endlos, ohne jeden Laut,
im schweigenden Benennen neu vertraut,
der Hoffnungsbaum. Und alles bleibt beim alten.

Wer fragt danach, wenn Sonnenstrahlen siegen!
Der Mond war röter, näher diese Nacht.
Er steht noch immer da, in kalter Pracht,
und macht dass Leben sich ihm hinverbiegen.

Zeitlos

Im Walde wiegt so leicht das Licht,
und schwebt und lebt auf kleinem Raum.
Zu Wasserquerlaufs grüner Schicht
hinab sich neigt ein müder Baum.

Der Ort, zu dem man gehen kann,
liegt nahebei und doch so fern.
Die Zeit hält hier zu wirken an,
ist jung und alt wie mancher Stern.

Die Amsel:

Sie brütet nun zum dritten Mal
im gut versteckten Efeu-Nest.
Der Sommer ist schon etwas schmal,
doch hält er noch die Wärme fest

und gibt sie frei an jedem Tag.
Die jungen Amseln flogen fort,
mit ungenauem Flügelschlag,
in andre Gärten hier im Ort.

Die Amsel brütet. Wenn sie dann
so sitzt und aus dem Neste sieht,
erscheint recht bald der Amselmann
und füttert sie, singt ihr ein Lied.

Symbiose

Aus dem Angebot der Tannen,
der Buchen und der Birken,
die im Walde Wunder wirken
und die neuen Bilder spannen

auf des Rahmens Lichtgewicht,
entnehme ich die Farbenspiele
der Bäume, nahe ihrem Ziele:
Wurzeln treiben im Gedicht.

Taubenschwänzchen

Im Schwirrflug hin zu blauen Blüten,
und drüber dann ein kleines Tänzchen –
es lässt mit Nektar sich vergüten
der Falter namens Taubenschwänzchen.

Dem Kolibri durchaus vergleichbar,
beschwebt possierlich dieses Wesen
die schönen Blumen, die erreichbar
im Hof. Ein Tier, ganz auserlesen.

Wir werden es nicht lange sehen;
es will noch andre Höfe suchen
mit andren Blüten. Wir verstehen
und können den Besuch verbuchen.

Spät

Wenn der Regen redet,
schweigen die Wolken,
zeigen am Himmel
blaue Pflasterstraßen.

Wenn die Lichter streuen
Leben in Fenster,
warten die Wolken,
bis die Nächte gehen.

Geträumt

Für E.

Ich glaube, dass ich dir erzählte
(vielleicht in einem andern Traum,
der deinen um ein Haar verfehlte),
was mir geschah am Wassersaum:

Ich war im Liegestuhl beim Lesen
und schlief nach kurzer Zeit auch ein;
die Spannung ist versteckt gewesen
(und sollte doch vorhanden sein).

Der Laptop rutschte von den Knien.
Die Robbe, plötzlich war sie da,
sie schnappte zu, begann zu fliehen,
dem Kai (gemauert) schon sehr nah.

Es schien geboten, um zu retten,
dem Tier zu folgen in das Nass.
Die Leute waren gleich am Wetten,
wer schneller wäre und ob das

Gerät mir dann gehören sollte.
Ich schwamm, entriss dem Robbenmund
(nach einer letzten schnellen Volte)
den Laptop, welcher noch gesund

und wenig nur nach Fisch gerochen.
Es gab den Gratulantenchor.
Ein Mann kam an und hat gesprochen:
„Das kommt, mein Herr, hier öfter vor!"

Danke

Allen, die am Wortwerk wirken
und die wie im Fieber schrieben
in entfernten Satzbezirken,
dass nur wenig Worte blieben,

allen habe ich zu danken
für die Silben, die sie ließen,
nicht zur Neige immer tranken,
dass auch mir noch welche fließen.

Medley

Wellen brennen brennen brennen
Wellen brennen
Riemenkiemen tauchen
saugen Wasser
atmen ein
Morgenwolken treiben Wellen brennen
Nebel rauchen werden bald zerfasert sein
Strandwärts streben hin zu Rohrgesängen
Streunerwellen
mondenblind
angelockt von sonnentrunknen Klängen
wenn das Ried das Ried
sich wiegt im Wind
Uferweiden silbersanft bewachen Wiesen
diese kümmerts kaum
Wellen brennen
Über Wäldern weiter weg entfachen Farbengarben
neuen Raum
Tiefe Gründe überwölbt pastellen
Licht
das lächelnd oben lebt
holzbestreute Wege aufzuhellen

Bäume
Wimpern traumverklebt
augendunkle Wölbung
Brauengitter üben stumm Gelassenheit
Wellen brennen Wellen brennen
Zwischen Ahnung
Plan
und Weltgewitter
sickert sonderbar
die Zeit
Namenlos entgleiten Wiesenpflanzen
randverloren
erdhinab
zucken noch gekrümmt ein müdes Tanzen
Steinen angeschmiegt seitab
Wellen brennen
Feldgewand gewebt aus Nebelstücken
meinen welken Worten gleich
holprig
hingestolpert in die Lücken
blassgeschwätzig
Redestreich
Wellen brennen brennen brennen
Schattenschmale Feuerkäfer hasten

sich zu bergen vor dem Tag
finden Ruhe bei Laternenmasten
Eisenpilze
Traumverschlag
Tränenperlend auf asphaltnen Straßen
fällt der Regen
irgendwann
Hoffnung nur in engen strengen Maßen
widert wiederholt mich an
Wellen brennen
Sternenvogel hat sein Lied gesungen
Echo schwebt
schwebt
schwebt zu meinem Haus
Ruderschlag am Landesteg
am Landesteg verklungen
Riemenkiemen
atmen
aus

Septembertag

Die Ranken greifen in das Grün,
mit dem sie nun verbunden sind
auf Dauer bis zum Blätterfall.
Die Sonne scheint, es weht kein Wind.

Und oberhalb, am Himmelsrand,
verschwingt ein Kranichaufgebot
im Zitterlicht des zagen Tags.
Die Welt ist warm, kein Regen droht.

Der Fluss

Mondlicht steigt, sich auszuruhn,
herab. Weiden neigen sich.
Im leichten Winde schwankt
das Rohr, bekränzt von Tau.

Wieder reglos,
liegt er da.

Weltkind

Ich mag
lichtvoll den Tag,
mir gefällt,
freundlich so sehr
ringsumher,
die Welt.
Noch in der Nacht
findet zu mir,
im Traumrevier,
Sonnenfracht.

Beginn

Im Nebel stehen Rehe.
Und eine Krähe spricht.
Die Wiese blickt nach oben,
den Sichelmond in Sicht.

Der Morgen ist gekommen.
Er bringt den Herbst herbei
mit allen seinen Stimmen
und einem Kranichschrei.

Doch ich wünschte mir

Reisen durch die Zeit,
wenn sie denn gelängen,
führten niemals weit,
würden an den Fängen

dichten Lichtes haften:
Kurzgeführte Touren
zu den hingerafften
schlaffen Stundenspuren.

Wenig Jahre wären
rückwärts zu erreichen.
Kaum, dass solche Fähren
Richtung Zukunft schleichen!

Sollte mich nicht kümmern.
Doch ich wünschte mir,
läge Zeit in Trümmern,
Liebe bliebe hier.

Freie Zeit

Teilchen zittern sich voran
seit vagem Anbeginn.
Neuer Raum
bringt neue Zeit,
Illusion und Wandel.

Im Gewebe der Welt,
auf Ebene der Quanten,
herrscht ein gewisser Takt,
geometrisch genau,
bleibt Entropie konstant.

Die Uhr hat keine Zeiger,
Pfeile gibt es nicht.
Der Mensch der Mitte schwebt
zum nächsten Moment
seiner Scherbengeschichte.

Dunkle Lieder

Wir unterscheiden nur die blassen Formen
und füllen, was uns fehlt in schwanken Zeiten,
im Übermaß hinein beim Vorwärtsschreiten,
befangen von den nebelhaften Normen.

Im Blätterwirbel wird der Wind geboren,
der uns aus Wäldern treibt in Städte wieder,
und leichter singen wir die dunklen Lieder,
darin die welken Worte sich verloren.

Die grünen Flanken sinken aus den Sinnen,
sobald die Rätsel in die Träume fallen,
als Echo unsrer spröden Tage widerhallen,
und starre Stunden ihren Weg beginnen.

Aus Versehen

Im Wortfindespiel
sich seltenen Rhythmen
zu widmen,
wäre das Ziel.

Unterm Federkiel
entstehen
aus Versehen
Worte zu viel.

Oktober

Auf feuchtem Boden liegen
Blätter, welk, verstreut.
Bäume sind verschwiegen.
Langsam geht die Zeit.

Ich kann das Ziel nicht sagen,
weiß noch nicht wohin,
stelle keine Fragen,
weiß nur, dass ich bin.

Zeit des Therapeuten

1 (Hockergymnastik)

Sagt die junge Frau:
Sie entschuldigen bitte, dass ich
heute so fröhlich bin und immer
lache. Ich bin nämlich wieder
verliebt. Ich störe doch nicht?
Das siebte Mal bin ich hier
im Haus. Und meine Nachbarin
am Tisch sagt immer nichts.
Jetzt muss ich eine Pause machen,
sonst fliegen mir noch die Arme
davon.

2 (Herr K.)

Jeden Tag, so kurz nach dem Mittag,
zieht er sich an. Der gute Anzug
hängt um seinen Körper wie ein
Sack. „Es geht nachhaus!" Stets
von neuem sagt er's, wiederholt es
jeden Tag.

Bis dann der Pfleger kommt und sagt
zu ihm: „Gehen wir ein paar Schritte
durch den Gang, Herr K. Aber den Anzug
lassen wir hier, der ist doch nicht für
jeden Tag."

3 (Auf Station)

Elf
Treppen-
stufen
sind's
daheim.

Falls sie es
dorthin schafft.

„Sie werden üben müssen."

Heut gelangen ihr schon
drei

an meiner Hand.

4 (Praktikum)

„Leiden Sie
hier mit,
dann sind Sie nicht
gelitten
im Beruf,
hätten einen andern wählen sollen.
Ansonsten aber,
das ist klar,
seien Sie immer
mit dem Herzen
dabei.
Das gehört nun mal dazu."

Hand in Hand

Strahlen, die zum Wasser streben
schwerelos hinab,
bringen Glück,
und wir sehen, und wir schweben
auch ein Stück.

Wenn die wilden Winde wehen,
Wogen sich bewegen
hin zum Strand,
wollen wir am Ufer gehen,
Hand in Hand.

Was wir loben, was wir lieben,
immer bleibt es hier,
niemals leer,
nie genug von uns beschrieben:
Licht und Meer.

Lied auf den Weg

Was wir missachtet hatten,
wird uns Erlösung bringen.
Gelegen in den Schatten,
im Erstentwurf von Dingen.

Das Licht dringt aus den Spalten
zu unbekannten Orten,
wo Träume sich entfalten,
des wahren Seins Eskorten.

Wir gehen durch die Zeiten
fast nur auf Zehenspitzen.
Da sind Vergangenheiten,
die uns im Nacken sitzen.

Es fällt so schwer, zu wandern.
Vielleicht, dass wir uns fügten
ins Leben aller andern,
die sich nicht selbst genügten...

Es wird Herbst

Moosgesellen stehen rings umher.
Eicheln liegen kreuz und liegen quer.
Gelbe, grüne, braune Blätter wirbeln hier im Wind.
Es wird Herbst, mein Kind.

Pilze kommen aus dem Erdversteck
wie im Vorjahr an dem selben Fleck.
Möglich, dass da später auch noch süße Beeren sind.
Es wird Herbst, mein Kind.

Spechte laufen einen Stamm hinauf.
Igel sammeln, was sie brauchen, auf.
Sonne sendet Strahlen jedem Tag, der neu beginnt.
Es wird Herbst, mein Kind.

So könnte es gewesen sein:

Ich komm vorbei am buntbemalten Zaun,
und schlag lang hin;
es ist hier glatt.

Da hilft mir ein Rumäne auf.
Der wohnt, ein Asylant,
gleich hinter diesem Zaun.

Ich sage *Mulzumesk.*
Und er sagt *Bitte sehr.*
Ich sag *La revedere.*

Und er *Aufwiedersehn.*

Eine Frage der Zeit

Wie kommen Sie mir auf die Schliche,
der Sie schon lang auf Lauer sind?
Es sind doch sämtlich Nebelstiche,
verlorne Schatten nur im Wind;
Sie sehen nie das Eigentliche.
Was Ihnen aus den Fingern rinnt,

bin ich. Sie werden mich erkennen
im Abriss, wie ein altes Haus
mit wild zerbrochenen Antennen;
und Leute schauen nicht heraus.
Sie können zärtlich mich benennen,
und wissen nicht: Was macht mich aus?

Der neue Gast

Luise Klopf hat ihn entdeckt,
der dort im Efeu steckt
und klettert durch die Ranken
(die deshalb schwanken):
Keine Maus, kein Dachs,
nein, Siebenschläfer Max.

Ab heute und ab jetzt
hat er das Amselnest besetzt.
Im Vorgefühl des Kalten
will er hier halten
lieb und brav
den Winterschlaf.

Im Efeu ist es still.
Zumindest bis April.
Dann erwacht er,
Max, und macht er
sich wieder auf die Spur
in die übrige Natur.

Sentenz

Kälte
Stille
Dunkelheit
ertragen wir

nur begrenzt von
Wärme
Licht
Geräusch.

Dazwischen

Ich bleibe heute frei von allen Zweifeln,
die sonst mir jeden Mut genommen hatten,
und will es mir im Sonnenlicht verstatten,
das Glück in rauen Mengen anzuhäufeln.

Doch ringsum wimmelt es von kleinen Teufeln.
Sie lösen sich aus dunkler Ecken Schatten
und werden eifrig, ohne ein Ermatten,
den Widerspruch in meine Seele träufeln.

Es wird wohl immer Zwischenwelten geben.
Der Zweck ist keinem reinen Sinn verpflichtet.
Das weiß ich längst, und mag es nimmer glauben.

Die Zeiten haben sich in mir verdichtet
und halten mich für lange noch am Leben,
das Stück für Stück sie täglich wieder rauben.

An jenem Abend
fand ich mein Gedächtnis
versteckt am Rand
und ganz und gar verfehlt.

Gleich Morgenröten,
bleich aufs Papier gebracht.
Doch irgendwo
war Zärtlichkeit,

im blassen Nimbus
unsrer Haut.
Vergessne Wege
suchte ich heraus.

Die Stille kommt,
ein kalter Monitor.
Ich schlafe ein und bin
schon fast erwacht.

Tradition

Verhangen lebt
und Watte webt
der Mond vor Ort.
Die Worte dort

dauern länger.

Der Nebelung
holt neuen Schwung.
Geh nicht hinaus!
Denn vor dem Haus

lauern Wölfe.

Kein Gebet

Niemand war mir untertan.
Licht und Liebe hatte ich.
Alles lief nach einem Plan.
Kleine Sünden? Sicherlich.

Abgrund nur und leerer Traum
blieben, Brücken stürzten ein.
Kein Gebet. Und Sühne kaum.
Dunkelheit fiel in das Sein.

Zeit, geleitet zur Gefahr.
Schattenschönes Angesicht.
Nachtgesang erklang und war
eines fremden Freunds Bericht.

Auf Zetteln

Auf Zetteln, beschrieben schon vor Stunden,
sterben erst in diesem Augenblick
die Worte.

Fremd sind alle Zeichen
jetzt geworden,
wimpernschwere Tränen fielen aus dem Licht.

Das letzte Körnchen Zeit
rann in das Reich
der Schatten.

Selbst dort ist wenig Platz.
Und niemand wird die neuen Bilder finden,
von schönen Fehlern keiner sprechen.

Variante

Es hängt ein Hauch von Kiefernduft
in schöner klarer Winterluft.
Die Bäume knarren rau ihr Lied,
worauf was sie betrübt entflieht.

Am Wegesrande, auf dem Hügel,
da glitzert Schnee als schöner Spiegel,
und fällt auch immer wieder
aus Himmelshöhen nieder.

Am Strande, wo die Wellen rauschen,
die Möwen schon vom Frühling plauschen.
Am Ufer, wo die Leute gehen,
sind Muscheln nicht, ist Eis zu sehen.

Nichts

So dehne ich die Sehnsucht,
verdünne Ungeduld, so hab ich
nichts gewonnen, keinen Tag,
so kehrt nur feiges Schweigen,
herbstgefärbt, mir heim, so
schrammt mich der November,
so kommt der Winter her.

Trügerisch

Dezember sollte März sich nennen.
Karusselle kreisen regennass.
Weihnachtsmarkt. Die Leute rennen.
Es nieselt, rieselt ohne Unterlass.

Lichtgelärm. Geweihte Nacht.
Märchen, dargestellt auf Bildern.
In seltsam fremder Tracht
leben Wesen, die hier wildern.

Es entsteigt dem Rasenkrater
ein Zwerg, der ist sofort bemüht
ein Riese nun zu sein. Ein Vater
geht mit seinem Kind. Es sprüht

der Regen, der im Sommer fehlte
in diesem gern genannten Land,
aus dem sich zögernd schälte
der Winter als ein müder Intrigant.

Ein Buddha bittet in das Labyrinth,
wo Spiegel leise Fernweh klirren
und trügerische Träume sind.
Gehen. Stehenbleiben. Und Verirren.

Reisen wir mit unbekanntem Ziel!
Der Welten-Ingenieur wägt selten
genau, für ihn ist alles leichtes Spiel
mit Regeln die für uns nicht gelten.

Das Karussell kreist immer schneller.
Reklame schwirrt und flirrt grünrot.
Es wird voraus ein wenig heller.
Der nächste Regenschauer droht.

Spuren

Die Zeit hat endlos Geduld,
als liefe sie Rolltreppen
rückwärts hinab.

Ohne Argument.

Vertraut sind mir die Zweige,
die Bäume längs dem Pfad.

Wechsel wirkt nur hier.

Wenn nach langem Frost
die Spuren verschwinden,
kein Weiß vorhanden ist.

In diesem Moment.

Licht im Winter

Hoffnung schwebt ins Tal –
liegen doch auf allen
Flocken, die nun fallen,
Wünsche ohne Zahl.

Sanfter Segen wirkt,
lebt in neuen Träumen
gut verstrebt in Räumen,
mild von Licht umzirkt.

Wintersonne macht
wieder hell die Straßen,
hebt ihr Haupt in Maßen,
gibt auf uns gern acht.

Durch das Jahr

Darauf zu warten, war nicht schwer.
Die Tage wuchsen wie der Wind
und brachten Schnee und Sonne her.
Das Jahr fiel flach. Das Jahr beginnt.

Uns hat die Zeit in ihrem Griff.
Wir wussten, dass es sie noch gibt.
Wir steuern selbst zum nächsten Riff,
und ahnen vage wer uns liebt.

Rebellen wollten wir doch sein,
der Stunden Pächter, rein und gut.
Wir stürzten in die Nacht hinein,
und fanden nur das fremde Blut.

Choräle, strahlend, blieben aus
im Singsang flacher Existenz.
Und kaum ein Wort verließ das Haus,
den Schallraum blasser Konsequenz.

Hinunter und herab; die Welt
verborgen, starres Sinngeflecht.
Die Stille war ihr beigesellt,
sie hat mit Wehmut sich bezecht.

Danach sind wir, und nie davor.
Ein Quantum Hoffnungslosigkeit.
Die Zukunft endet an dem Tor
und kehrt zurück: Vergangenheit.

Auf allen Fluren brennt das Licht.
Wir würden sonst in Angst vergehn,
verlören unser Gleichgewicht.
Die Zeit zerläuft. Die Zeiger stehn.

So sendet nun die neue Zahl,
und hüllt sie ein, befüllt den Grund
mit Wünschen, übertüncht sie fahl.
Das Warten hält die Sehnsucht bunt.

Jedwede Spur im Sande trügt.
Die sanften Silben sind verbannt
und in die Wellen eingefügt,
sie treiben müde an das Land.

Aus leeren Bechern trinken wir,
begrüßen stumm den Augenblick,
so federleicht im Windrevier.
Beständig nur ist Ungeschick.

Hinauf! Die Wolken schweben dort
und wissen, wann der Regen fällt.
Wir waschen alle Sorgen fort,
von Trauer immer noch umstellt.

Regale rücken wir zurecht,
und ordnen unsern Lebenslauf.
Das alte Obst wird langsam schlecht.
Das Jahr beginnt, das Jahr hört auf.

Inhalt